CARNET DE RANDONNÉE

« LA MARCHE EST LE MEILLEUR REMÈDE POUR L'HOMME »

Hippocrate

NOM NAME : ....

PRÉNOM FIRST NAME : ....

CONTACT CONTACT INFO : ....

....

....

LES 13 SECRETS
D'UNE RANDONNÉE RÉUSSIE
13 TIPS FOR SUCCESSFUL HIKING
JE ME RENSEIGNE SUR LES CARACTÉRISTIQUES DE LA RANDONNÉE
JE PRÉVIENS MES PROCHES DE MON ITINÉRAIRE ET HORAIRE ESTIMÉ DE RETOUR
JE FAIS LE POINT SUR LES PRÉVISIONS MÉTÉOROLOGIQUES
15°
15°
15°
25°
23
18
JE FAIS MON SAC SANS OUBLIER : EAU, NOURRITURE, VESTE, COUVERTURE DE SURVIE, TÉLÉPHONE, PANSEMENTS
Miam
JE M'HYDRATE ET M'ALIMENTE RÉGULIÈREMENT

JE PENSE AUX ENFANTS.
LE CIRCUIT EST-IL BIEN
À LEUR PORTÉE ?
JE PARS TÔT
JE RESTE SUR LE CHEMIN EN
RESPECTANT LE BALISAGE
J'ÉVITE DE PARTIR SEUL
JE NE NOURRIS
PAS LES ANIMAUX
JE RESPECTE LA NATURE
JE REMPORTE MES DÉCHETS

CHOISIR SA RANDONNÉE

Si vous partez pour une première randonnée et que vous n'avez pas d'expérience, il est vivement conseillé de choisir un itinéraire facile.

Pour mettre toutes les chances de votre côté, pensez à partir durant les saisons conseillées.

Il existe de très nombreux itinéraires qui sont bien balisés et topographiés en France :

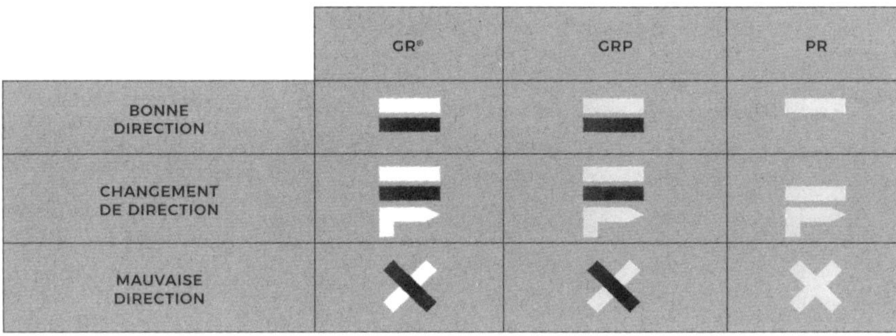

®FFRandonnée

- **GR® SIGNIFIE GRANDE RANDONNÉE :** de longs itinéraires balisés en blanc et rouge, crées et entretenus par les bénévoles de la Fédération Française de la Randonnée Pédestre. GR® est une marque de la FFRandonnée.
- **GRP POUR GRANDE RANDONNÉE DE PAYS :** des itinéraires qui composent généralement une boucle à travers une région donnée (en rouge et jaune)
- **PR DÉSIGNE PROMENADE & RANDONNÉE :** des itinéraires plus courts (en jaune)

ÉTUDIER L'ITINÉRAIRE

Une fois la destination choisie, il faut maintenant passer à l'étude de l'itinéraire et définir vos étapes.

TOUJOURS PRÉVOIR DES MARGES

Repérez les refuges et l'eau potable sur votre itinéraire. Notez les villages où vous pourrez vous ravitailler en cours de route.

N'emportez que la nourriture nécessaire jusqu'à votre premier point de ravitaillement.

Notez aussi les points d'abandon possible en cas de blessure, lassitude... par exemple, un arrêt de bus en chemin, une route pour faire du stop.

FAIRE SON SAC

Votre sac à dos est un élément essentiel de la randonnée. Trop lourd, mal équipé, mal équilibré... Que dois-je mettre dans mon sac à dos ?

PRÉPARER SA RANDONNÉE

GETTING READY TO HIKE

ESTIMER LE BUDGET

Le budget d'une randonnée s'estime assez facilement, il dépendra surtout du coût de la vie du pays de votre destination. Il faut tenir compte :

• Des transports jusqu'au lieu de randonnée, d'éventuels transferts entre deux étapes et à l'arrivée

• Des hébergements en refuge/auberge ou en camping

• Du ravitaillement avant et pendant la randonnée, ainsi que des repas en refuge

• De l'entrée du parc/réserve... le cas échéant

• Prenez note que certains des refuges n'acceptent que l'argent liquide.

ENFIN, SE PRÉPARER

La randonnée est un sport et lorsqu'on la pratique en itinérant, avec un sac à dos conséquent, sur des dénivelés importants, il faut un minimum d'entraînement. Soyez en forme avant de partir. Faites du sport !

COMMENT LIRE UNE CARTE

HOW TO READ A MAP

Savoir lire une carte et utiliser une boussole sont des compétences de base incontournables en randonnée.

Le premier point à regarder sur une carte est l'échelle. Elle indique le rapport de taille entre la carte et la réalité. Par exemple, avec une échelle au 1:50 000, 1 centimètre sur la carte représente 50 000 centimètres dans la réalité, soit 500 mètres.

ÉCHELLE

SUR LA CARTE	SUR LE TERRAIN
1:25 000	1 cm = 250 mètres
1:50 000	1 cm = 500 mètres
1:75 000	1 cm = 750 mètres
1:100 000	1 cm = 1 kilomètre
1:200 000	1 cm = 2 kilomètres

Une fois la carte dépliée, il faut la tenir dans le bon sens. Là, c'est assez simple, car sauf exception précisée sur la carte, le Nord se trouve toujours en haut.

Attention, il existe toutefois deux Nord, le Nord géographique et le Nord magnétique, situés à 673 kilomètres l'un de l'autre.

Pôle Nord géographique : Point le plus septentrional de la Terre par lequel passe l'axe de rotation de la planète. Il est aussi le point de jonction de tous les méridiens et fuseaux horaires.

Pôle Nord magnétique : Point central du champ magnétique de la Terre qui se déplace d'environ 55 km/an.

Une carte, qui est un élément géographique, utilise toujours le Nord géographique. Les boussoles, fonctionnant avec le champ magnétique terrestre, indiquent le Nord magnétique. Quant aux GPS, ils peuvent être paramétrés pour afficher au choix, soit le Nord géographique, soit le Nord magnétique.

Votre carte et votre boussole n'affichent donc pas le même Nord ! La différence de mesure entre les deux s'appelle la déclinaison magnétique. Elle est généralement indiquée dans la légende de la carte sous forme de boussole afin d'ajuster celle-ci pour corriger l'erreur.

Les couleurs utilisées sur la carte ont une importance, elles indiquent la nature du terrain :

LE VERT désigne les zones boisées

LE BLANC les prairies et zones cultivées

LE BLEU pour l'hydrographie (lacs, rivières...)

L'ORANGE généralement pour les courbes de niveau

LE NOIR est très utilisé, il fait référence à tout ce qui relève de l'intervention humaine ; il désigne aussi les rochers et éboulis.

UTILISER UNE BOUSSOLE

HOW TO USE A COMPASS

Commencez par déplier votre carte bien à plat. Vous allez ensuite venir placer votre boussole sur la carte. Si la carte n'est pas bien à plat, l'aiguille risque de coincer dans le cadran et ne plus indiquer le nord. Placez votre boussole sur une ligne (que vous avez tracée ou non) qui relie votre point A à votre point B. Orientez votre flèche de visée, qui se trouve à la pointe de votre boussole, vers votre destination.

Faites tourner le cadran mobile afin de faire correspondre le nord du cadran avec le nord de la carte. Le nord se situe toujours en haut de la carte. Vous pouvez maintenant calculer votre azimut : il s'agit de l'angle que forme le nord de la carte avec votre direction. Votre azimut est le chiffre qui se trouve à l'intersection du cadran mobile et de votre ligne de visée.

Faites pivoter la boussole jusqu'à faire correspondre le nord du cadran avec votre aiguille. Vous n'avez plus qu'à suivre votre flèche de visée en prenant bien garde de toujours faire correspondre votre aiguille rouge avec le nord du cadran.

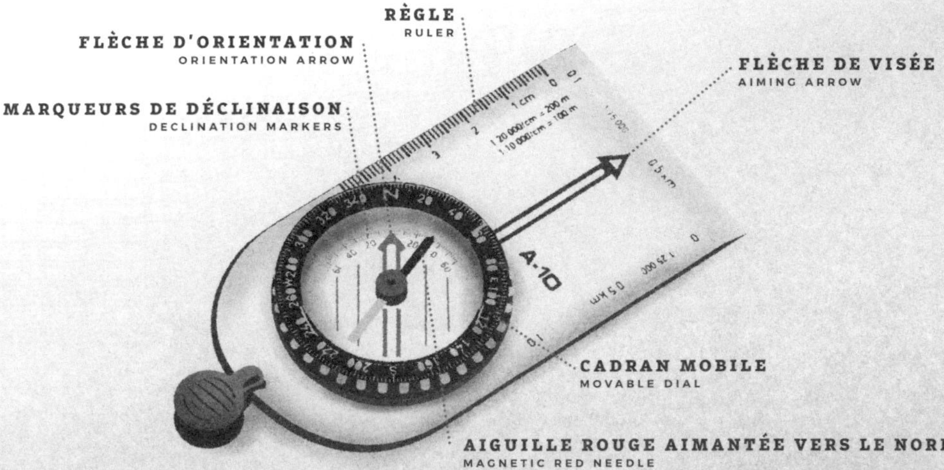

ALLÉGER SON SAC

LIGHTEN YOUR BACKPACK

RANDONNÉE SUR LA JOURNÉE

ONE DAY HIKE

EVITEZ DE DÉPASSER 10% DE VOTRE PROPRE POIDS.

PHARMACIE : Mettez de côté les emballages et n'emportez que les quantités utiles et les notices dans un sac plastique à fermeture étanche.
L'essentiel : pansements, désinfectant, paracétamol.

TOILETTE: Évitez les trousses de toilette souvent lourdes, n'emportez qu'un petit savon, des petits flacons et un petit tube de dentifrice avec juste les quantités utiles.
Optez pour une petite serviette de toilette en microfibre, légère et rapide à sécher.

BIVOUAC & REFUGE

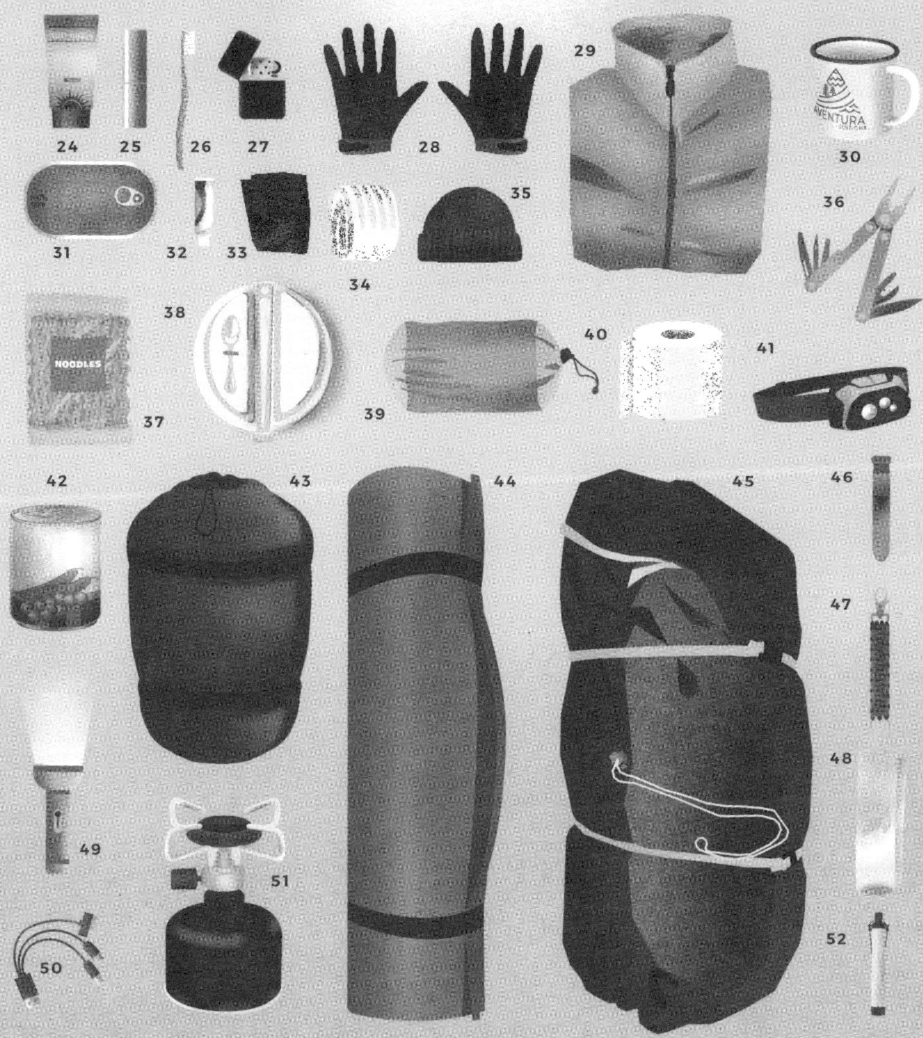

1. SAC À DOS BACKPACK • **2. BARRE ENERGÉTIQUE** ENERGY BAR • **3. FRUITS SECS** DRY FRUIT • **4. SANDWICH** • **5. TÉLÉPHONE & GPS** CELLPHONE & GPS • **6. CAPE DE PLUIE, PROTÈGE-SAC** RAIN CAPE, BACKPACK COVER • **7. PHARMACIE DE PREMIERS SECOURS** FIRST AID KIT • **8. JUMELLES** BINOCULARS • **9. CARNET DE RANDONNÉE** HIKING NOTEBOOK • **10. BOUSSOLE** COMPASS • **11. GOURDE** WATER BOTTLE • **12. PANSEMENTS** BANDAIDS • **13. PINCE À TIQUE** TICK PLIERS • **14. PIERRE À FEU** FIRE STONE • **15. COUVERTURE DE SURVIE** SURVIVAL BLANKET • **16. LUNETTES DE SOLEIL** SUNGLASSES • **17. COUTEAU** KNIFE • **18. CARTE** MAP • **19. CASQUETTE** CAP • **20. VESTE** JACKET • **21. GUÊTRES DE PLUIE** RAIN GAITERS • **22. CHAUSSURES DE MARCHE** HIKING BOOTS • **23. BATONS DE MARCHE** HIKING POLES • **24. CRÈME SOLAIRE** SUNSCREEN • **25. LIPSTICK** • **26. BROSSE À DENTS** TOOTHBRUSH • **27. BRIQUET** LIGHTER • **28. GANTS** GLOVES • **29. POLAIRE** FLEECE SWEATER • **30. TASSE EN METAL** TIN MUG • **31. CONSERVE** CANNED FOOD • **32. DENTIFRICE** TOOTH PASTE • **33. SOUS-VÊTEMENTS** UNDERWEAR • **34. PAIRE DE CHAUSSETTES** SOCKS • **35. BONNET** CAP • **36. PINCE MULTI-USAGES** MULTI-PURPOSE PLIERS • **37. NOURRITURE LYOPHILISÉE** FREEZED-DRY FOOD • **38. GAMELLE** MESS TIN • **39. SAC DE LIT** SHEET BAG • **40. PAPIER TOILETTE** TOILET PAPER • **41. LAMPE FRONTALE** HEADLAMP • **42. LÉGUMES EN CONSERVE** VEGETABLE TIN CAN • **43. SAC DE COUCHAGE** SLEEPING BAG • **44. TAPIS DE SOL** GROUND SHEET • **45. TENTE** TENT • **46. SIFFLET** WHISTLE • **47. PETITE CORDELETTE** FOLDED ROPE • **48. SAC POUBELLE** TRASH BAG • **49. LAMPE DE POCHE AVEC ACCROCHE** FLASH LAMP YOU CAN HANG • **50. CHARGEUR DE TELEPHONE & BATTERIE** PHONE CHARGER & BATTERY • **51. RÉCHAUD** CAMPING STOVE • **52. PAILLE FILTRANTE** FILTERING STRAW

4 SAISONS

EN ÉTÉ
IN THE SUMMER

RANDONNÉE EN MONTAGNE

ON AIME : la randonnée itinérante en moyenne montagne où les itinéraires balisés sont très variés et les gîtes et refuges nombreux.

ON PENSE À : glisser dans le sac à dos coupe-vent et vêtements chauds qui s'avéreront utiles au fur et à mesure de la montée (perte de 0,6°C tous les cent mètres de dénivelé) et indispensables en fin d'après-midi, au moment où la température chute brutalement.

ON ÉVITE DE : marcher hors des sentiers car, en raison de la fonte des neiges, le terrain est souvent glissant.

L'ASTUCE : partir tôt pour profiter de la fraîcheur du matin.

EN AUTOMNE
IN THE FALL

RANDONNÉE EN FORÊT

ON AIME : la randonnée en forêt pour les odeurs incomparables de nature après la pluie et la découverte du brame du cerf.

ON PENSE À : se munir de vêtements imperméables, cape de pluie et guêtres pour toute la famille.

ON ÉVITE : l'automne est la période idéale pour partir à la cueillette de champignons, mais évitez de cueillir à tort et à travers. Si vous ne connaissez pas l'espèce, laissez-la sur pied pour ne pas avoir à la jeter ensuite.

L'ASTUCE : pour profiter des saveurs de la nature sans la piller, cueillir quelques baies sauvages en prenant soin de les prendre à plus d'un mètre de hauteur.

EN HIVER

IN THE WINTER

RANDONNÉE EN RAQUETTES

ON AIME : la randonnée en raquettes à travers les vastes étendues enneigées.

ON PENSE À : se munir d'un GPS et d'une boussole car l'orientation, déjà difficile en milieu enneigé, devient très délicate en cas de brouillard et de chute de neige.

ON ÉVITE : d'improviser sa randonnée car randonner en raquettes demande préparation et entraînement. Mieux vaut partir avec un habitué de ce type de randonnée ou se faire guider par un accompagnateur en montagne.

L'ASTUCE : pour éviter le mal des montagnes (maux de tête, étourdissements, voire nausées et essoufflement), adopter une allure modérée pour laisser à l'organisme le temps de s'acclimater.

AU PRINTEMPS

IN THE SPRING

RANDONNÉE DANS LES ESPACES NATURELS PROTÉGÉS

ON AIME : la randonnée dans les espaces naturels protégés (parcs nationaux et parcs naturels régionaux) qui offrent de nombreux itinéraires et des balades thématiques guidées.

ON PENSE À : emporter une paire de jumelles pour découvrir la faune sauvage sans la déranger.

ON ÉVITE DE : marcher hors des sentiers balisés car l'écosystème des espaces naturels est fragile.

L'ASTUCE : se munir des topoguides de la Fédération Française de Randonnée Pédestre (FFRP) pour préparer son itinéraire sur les chemins de petite randonnée.

LES PLUS BELLES RANDONNÉES EN FRANCE

BEAUTIFUL HIKES IN FRANCE

1 : GR20 CORSE DU NORD AU SUD

Distance totale : 180 km environ de Calenzana à Conca (Nord - Sud)
Durée totale : 15 jours environ (suivant les étapes choisies)
Temps de marche : entre 5h et 6h30 par jour
Niveau de difficulté : difficile
Période conseillée : de juin à septembre

2 : GR10 LA TRAVERSÉE DES PYRÉNÉES DE HENDAYE À BANYULS

Distance : 1 100 km
Niveau : facile / moyen
Durée : entre 65 et 70 jours en moyenne
Période conseillée : de juin à octobre

3 : LE TOUR DU MONT BLANC

Distance : 170 km environ
Durée : 7 jours à 10 jours
Niveau : moyen
Période conseillée : juillet - août

4 : GR70 LE CHEMIN DE STEVENSON À TRAVERS LES CÉVENNES

Distance : 252 km environ
Durée : entre 11 et 12 jours
Niveau : moyen
Période conseillée : de juin à octobre

5 : GR98-51 CALANQUES MARSEILLE-CASSIS

Distance : 25 km
Durée : 2 jours
Niveau : facile
Période conseillée : d'octobre à mai (la saison estivale étant particulièrement chaude)

6 : GR34 DU MONT-SAINT-MICHEL À SAINT-NAZAIRE

Distance : 1 700 km environ
Durée : 113 jours
Niveau : facile/ moyen
Période conseillée : de mai à octobre

7 : GR30 TOUR DES VOLCANS ET LACS D'AUVERGNE (PUY-DE-DÔME)

Distance : 199 km
Durée : 9 jours
Niveau : Facile
Période conseillée : de mai à novembre

8 : GR58 HAUTES ALPES

Distance : 130 km
Durée : 5 jours
Niveau : moyen
Période conseillée : de septembre à octobre si vous souhaitez admirer les plus belles couleurs (mais l'itinéraire peut se réaliser entre juin et octobre)

9 : GR5 OU LA GRANDE TRAVERSÉE DES ALPES

Distance de la Grande Traversée des Alpes : 620 km environ
Distance totale du GR5 : 2 500 km environ pour relier la mer du Nord à la mer Méditerranée
Distance à parcourir en France : 1 300 km environ, dont 410 km pour la Grande Traversée des Vosges, 270 km pour la Grande Traversée du Jura et 620 km pour la Grande Traversée des Alpes
Durée totale pour effectuer la Grande Traversée des Alpes : entre 3 et 6 semaines de marche suivant votre niveau
Niveau : difficile
Période conseillée : de mai à octobre

10 : GR65 LE CHEMIN DE SAINT JACQUES, DU PUY-EN-VELAY À LA FRONTIÈRE ESPAGNOLE.

Distance : 750 km
Durée : entre 28 jours et 33 jours
Niveau : moyen
Période conseillée : d'avril à octobre

MES RANDONNÉES FAVORITES

MY FAVORITE HIKES

MES ENVIES DE RANDONNÉES

MY DREAM HIKES

GUIDE DE SURVIE

SURVIVAL GUIDE

L'HOMME NE PEUT SURVIVRE PLUS DE :

3 MINUTES SANS AIR

HEURES SANS CHALEUR

JOURS SANS EAU

SEMAINES SANS NOURRITURE

S'ORIENTER

Vous pouvez vous repérer grâce à votre montre
et l'heure solaire (2h de moins que l'heure réelle en été)

À 6H, HEURE SOLAIRE, LE SOLEIL EST À L'EST

À 12H, HEURE SOLAIRE, LE SOLEIL EST AU SUD

À 18H, HEURE SOLAIRE, LE SOLEIL EST À L'OUEST

La nuit, l'étoile polaire indique toujours le nord quelle que soit l'heure et la saison

S'HYDRATER

TOUJOURS PURIFIER L'EAU EN LA FILTRANT OU LA FAISANT BOUILLIR

Fabriquer un filtre à eau :

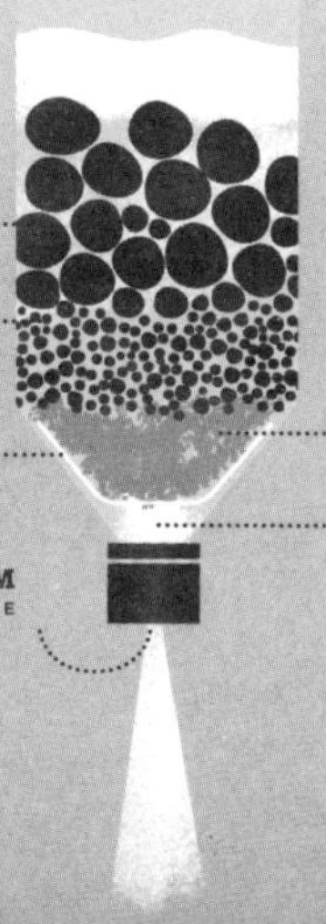

OÙ TROUVER DE L'EAU ?

- Dans les végétations luxuriantes
- Au fond des vallées
- Au pied de rochers à l'ombre
- Dans les plantes
- En récupérant l'eau de pluie
- En faisant fondre de la glace/neige
- En distillant l'eau de mer

S'ABRITER

LES ABRIS SERVENT À S'ISOLER DU CHAUD, DU FROID, DES MOUSTIQUES, DE LA PLUIE ET DU VENT. DE PLUS, ILS DONNENT UN SENTIMENT DE SÉCURITÉ.

L'isolation du sol est très importante, car une grand partie de la chaleur est perdue par contact avec celui-ci. Prendre des feuilles mortes, de la mousse ou des herbes sèches, des branches de sapin...

SE RÉCHAUFFER

Comment utiliser une pierre à feu :

- **FAIRE UN TAS DE SCIURE À L'AIDE D'UN COUTEAU**
- **FROTTER FERMEMENT LA PIERRE À FEU AVEC LA LAME DU COUTEAU**
- **FAIRE JAILLIR LES ÉTINCELLES SUR LE TAS DE SCIURE OU D'HERBES SÉCHES QUI PRENDRA FEU**
- **AJOUTER VITE DU PETIT BOIS, DES POMMES DE PIN...**

LE KIT DE SURVIE

Couverture de survie, Boussole, Pierre à feu, Gourde, Couteau, Poncho imperméable
(Le poncho peut aussi aider à fabriquer un abri ou à récupérer de l'eau)

COUVERTURE DE SURVIE SURVIVAL BLANKET

GOURDE WATER BOTTLE

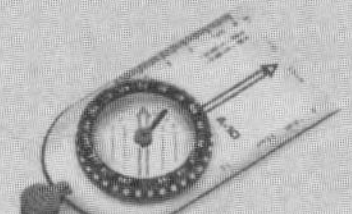

BOUSSOLE COMPASS

PIERRE À FEU FIRE STONE

COUTEAU KNIFE

PONCHO PONCHO

À QUOI SERT UN COUTEAU DE SURVIE ?

Couper du bois pour faire du feu
Creuser un trou
Comme pieu pour grimper à un arbre ou y accrocher son sac
Fabriquer des objets et des pièges
Dépecer un gibier, couper des aliments

SÉCURITÉ EN MONTAGNE

MOUNTAIN SAFETY

OUI / YES

ON A BESOIN D'AIDE !
ATTERRISSEZ ICI !

WE NEED HELP !
LAND HERE !

NON / NO

ON N'A PAS BESOIN D'AIDE !
N'ATTERRISSEZ PAS ICI !

WE DON'T NEED HELP !
DON'T LAND !

SIGNAL DE DÉTRESSE • EMERGENCY SIGNAL

AVEC DES CRIS • SIFFLETS • MIROIR • FLASH
LUMIÈRE • DRAPEAU • COUPS DE FEU

SHOUTS • WHISTLES • MIRROR
CAMERA FLASH • LIGHT • FLAG • SHOTS

6 SIGNAUX PAR MINUTE, FAITES UNE PAUSE & RÉPÉTEZ
6 SIGNALS PER MINUTE, PAUSE THEN REPEAT

RÉPONSE • ANSWER

RÉPONSE : 3 SIGNAUX PAR MINUTE, FAITES UNE PAUSE & RÉPÉTEZ
ANSWER : 3 SIGNALS PER MINUTE, PAUSE THEN REPEAT

APPELS D'URGENCE / EMERGENCY CALL			
EU	112	SUISSE	1414
USA	911	AUTRICHE	140
FRANCE	15	ITALIE	118
ALLEMAGNE	112	AUTRE :	

EN CAS D'URGENCE
IN CASE OF EMERGENCY

NOM DU RANDONNEUR FIRST NAME	
TÉLÉPHONE PHONE NUMBER	**E-MAIL**
ADRESSE ADRESS	
NUMÉRO DE POLICE D'ASSURANCE INSURANCE POLICY NUMBER	**CONTACT ASSURANCE** INSURANCE CONTACT INFO
À CONTACTER EN CAS D'URGENCE EMERGENCY CONTACT	**SANTÉ & ALLERGIES** HEALTH & ALLERGIES

BUDGET

BUDGET

BUDGET TOTAL	

BUDGET

BUDGET

BUDGET TOTAL	

LE CHEMIN DE SAINT-JACQUES DE COMPOSTELLE

CAMINO DE SANTIAGO

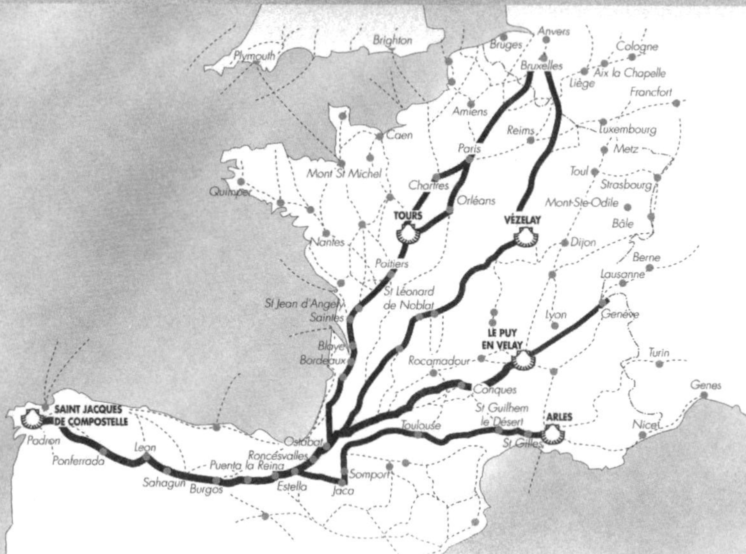

LE CARNET DU PÉLERIN

THE PILGRIM'S NOTEBOOK

NOM NAME : ....

VILLE DE DÉPART DEPARTURE CITY: .... **DATE** : ....

L'ÉTAPE DU JOUR .... / .... / ....

STAGE OF THE DAY

RANDONNÉE · NAME OF THE HIKE : ....

HÉBERGEMENT · ACCOMMODATION ☆☆☆☆☆

☐ Camping
CAMPING

☐ Bivouac
BIVOUAC

☐ Hôtel
HOTEL

☐ Gîte d'étape
FAMILY PENSION

☐ Refuge de montagne
MOUNTAIN REFUGE

Adresse : ....

....

RESTAURATION · FOOD

....

....

Spécialité : ....

DÉPART START	**DISTANCE** DISTANCE

SENSATIONS ET DÉCOUVERTES

SENSATIONS AND DISCOVERIES

....

....

....

....

....

....

....

....

....

....

....

....

....

....

....

....

TEMPÉRATURE

-10 0 10 20 30 40

DÉNIVELÉ POSITIF POSITIVE ELEVATION	**DÉNIVELÉ NÉGATIF** NEGATIVE ELEVATION
PENSE BÊTE : MEMO	**ARRIVÉE** ARRIVAL
À FAIRE TO DO	**SUJETS À APPROFONDIR** FOOD FOR THOUGHTS

L'ÉTAPE DU JOUR .... / .... / ....

STAGE OF THE DAY

RANDONNÉE · NAME OF THE HIKE : ....

HÉBERGEMENT · ACCOMMODATION ☆ ☆ ☆ ☆ ☆

- ☐ CAMPING — CAMPING
- ☐ BIVOUAC — BIVOUAC
- ☐ HÔTEL — HOTEL
- ☐ GÎTE D'ÉTAPE — FAMILY PENSION
- ☐ REFUGE DE MONTAGNE — MOUNTAIN REFUGE

ADRESSE : ....

....

RESTAURATION · FOOD

....

....

SPÉCIALITÉ : ....

DÉPART START	DISTANCE DISTANCE

SENSATIONS ET DÉCOUVERTES

SENSATIONS AND DISCOVERIES

....

....

....

....

....

....

....

....

....

....

....

....

....

....

....

....

DÉNIVELÉ POSITIF POSITIVE ELEVATION	**DÉNIVELÉ NÉGATIF** NEGATIVE ELEVATION
PENSE BÊTE : MEMO	**ARRIVÉE** ARRIVAL
À FAIRE TO DO	**SUJETS À APPROFONDIR** FOOD FOR THOUGHTS

L'ÉTAPE DU JOUR .... / .... / ....

STAGE OF THE DAY

RANDONNÉE · NAME OF THE HIKE : ....

HÉBERGEMENT · ACCOMMODATION ☆ ☆ ☆ ☆ ☆

☐ CAMPING
CAMPING

☐ BIVOUAC
BIVOUAC

☐ HÔTEL
HOTEL

☐ GÎTE D'ÉTAPE
FAMILY PENSION

☐ REFUGE DE MONTAGNE
MOUNTAIN REFUGE

ADRESSE : ....

....

RESTAURATION · FOOD

....

....

SPÉCIALITÉ : ....

DÉPART START	**DISTANCE** DISTANCE

SENSATIONS ET DÉCOUVERTES
SENSATIONS AND DISCOVERIES

....

DÉNIVELÉ POSITIF POSITIVE ELEVATION	**DÉNIVELÉ NÉGATIF** NEGATIVE ELEVATION
PENSE BÊTE : MEMO	**ARRIVÉE** ARRIVAL
À FAIRE TO DO	**SUJETS À APPROFONDIR** FOOD FOR THOUGHTS

L'ÉTAPE DU JOUR .... / .... / ....

STAGE OF THE DAY

RANDONNÉE · NAME OF THE HIKE : ....

HÉBERGEMENT · ACCOMMODATION ☆ ☆ ☆ ☆ ☆

- ☐ CAMPING — CAMPING
- ☐ BIVOUAC — BIVOUAC
- ☐ HÔTEL — HOTEL
- ☐ GÎTE D'ÉTAPE — FAMILY PENSION
- ☐ REFUGE DE MONTAGNE — MOUNTAIN REFUGE

ADRESSE : ....

....

RESTAURATION · FOOD

....

....

SPÉCIALITÉ : ....

DÉPART START	**DISTANCE** DISTANCE

SENSATIONS ET DÉCOUVERTES

SENSATIONS AND DISCOVERIES

TEMPÉRATURE

-10 0 10 20 30 40

DÉNIVELÉ POSITIF POSITIVE ELEVATION	**DÉNIVELÉ NÉGATIF** NEGATIVE ELEVATION
PENSE BÊTE : MEMO	**ARRIVÉE** ARRIVAL
À FAIRE TO DO	**SUJETS À APPROFONDIR** FOOD FOR THOUGHTS

L'ÉTAPE DU JOUR .... / .... / ....

STAGE OF THE DAY

RANDONNÉE · NAME OF THE HIKE : ....

HÉBERGEMENT · ACCOMMODATION ☆ ☆ ☆ ☆ ☆

☐ Camping (CAMPING) ☐ Bivouac (BIVOUAC) ☐ Hôtel (HOTEL) ☐ Gîte d'étape (FAMILY PENSION) ☐ Refuge de montagne (MOUNTAIN REFUGE)

Adresse : ....

....

RESTAURATION · FOOD

....

....

Spécialité : ....

DÉPART START	**DISTANCE** DISTANCE

SENSATIONS ET DÉCOUVERTES

SENSATIONS AND DISCOVERIES

....

....

....

....

....

....

....

....

....

....

....

....

....

....

....

....

TEMPÉRATURE

-10 0 10 20 30 40

DÉNIVELÉ POSITIF POSITIVE ELEVATION	**DÉNIVELÉ NÉGATIF** NEGATIVE ELEVATION
PENSE BÊTE : MEMO	**ARRIVÉE** ARRIVAL
À FAIRE TO DO	**SUJETS À APPROFONDIR** FOOD FOR THOUGHTS

L'ÉTAPE DU JOUR .... / .... / ....

STAGE OF THE DAY

RANDONNÉE · NAME OF THE HIKE : ....

HÉBERGEMENT · ACCOMMODATION ☆ ☆ ☆ ☆ ☆

- [ ] CAMPING / CAMPING
- [ ] BIVOUAC / BIVOUAC
- [ ] HÔTEL / HOTEL
- [ ] GÎTE D'ÉTAPE / FAMILY PENSION
- [ ] REFUGE DE MONTAGNE / MOUNTAIN REFUGE

ADRESSE : ....

....

RESTAURATION · FOOD

....

....

SPÉCIALITÉ : ....

DÉPART START	DISTANCE DISTANCE

SENSATIONS ET DÉCOUVERTES

SENSATIONS AND DISCOVERIES

....

....

....

....

....

....

....

....

....

....

....

....

....

....

....

....

TEMPÉRATURE

-10 0 10 20 30 40

DÉNIVELÉ POSITIF POSITIVE ELEVATION	**DÉNIVELÉ NÉGATIF** NEGATIVE ELEVATION
PENSE BÊTE : MEMO	**ARRIVÉE** ARRIVAL
À FAIRE TO DO	**SUJETS À APPROFONDIR** FOOD FOR THOUGHTS

L'ÉTAPE DU JOUR .... / .... / ....

STAGE OF THE DAY

RANDONNÉE · NAME OF THE HIKE : ....

HÉBERGEMENT · ACCOMMODATION ☆ ☆ ☆ ☆ ☆

☐ CAMPING CAMPING ☐ BIVOUAC BIVOUAC ☐ HÔTEL HOTEL ☐ GÎTE D'ÉTAPE FAMILY PENSION ☐ REFUGE DE MONTAGNE MOUNTAIN REFUGE

ADRESSE : ....

....

RESTAURATION · FOOD

....

....

SPÉCIALITÉ : ....

DÉPART START	**DISTANCE** DISTANCE

SENSATIONS ET DÉCOUVERTES

SENSATIONS AND DISCOVERIES

DÉNIVELÉ POSITIF POSITIVE ELEVATION	**DÉNIVELÉ NÉGATIF** NEGATIVE ELEVATION
PENSE BÊTE : MEMO	**ARRIVÉE** ARRIVAL
À FAIRE TO DO	**SUJETS À APPROFONDIR** FOOD FOR THOUGHTS

L'ÉTAPE DU JOUR .... / .... / ....

STAGE OF THE DAY

RANDONNÉE · NAME OF THE HIKE : ....

HÉBERGEMENT · ACCOMMODATION ☆ ☆ ☆ ☆ ☆

☐ Camping CAMPING ☐ Bivouac BIVOUAC ☐ Hôtel HOTEL ☐ Gîte d'étape FAMILY PENSION ☐ Refuge de montagne MOUNTAIN REFUGE

Adresse : ....

....

RESTAURATION · FOOD

....

....

Spécialité : ....

DÉPART START	**DISTANCE** DISTANCE

SENSATIONS ET DÉCOUVERTES
SENSATIONS AND DISCOVERIES

....

DÉNIVELÉ POSITIF POSITIVE ELEVATION	**DÉNIVELÉ NÉGATIF** NEGATIVE ELEVATION
PENSE BÊTE : MEMO	**ARRIVÉE** ARRIVAL
À FAIRE TO DO	**SUJETS À APPROFONDIR** FOOD FOR THOUGHTS

L'ÉTAPE DU JOUR .... / .... / ....

STAGE OF THE DAY

RANDONNÉE · NAME OF THE HIKE : ....

HÉBERGEMENT · ACCOMMODATION ☆ ☆ ☆ ☆ ☆

☐ CAMPING
CAMPING

☐ BIVOUAC
BIVOUAC

☐ HÔTEL
HOTEL

☐ GÎTE D'ÉTAPE
FAMILY PENSION

☐ REFUGE DE MONTAGNE
MOUNTAIN REFUGE

ADRESSE : ....

....

RESTAURATION · FOOD

....

....

SPÉCIALITÉ : ....

DÉPART START	**DISTANCE** DISTANCE

SENSATIONS ET DÉCOUVERTES

SENSATIONS AND DISCOVERIES

....

....

....

....

....

....

....

....

....

....

....

....

....

....

....

....

TEMPÉRATURE
-10 0 10 20 30 40

DÉNIVELÉ POSITIF POSITIVE ELEVATION	**DÉNIVELÉ NÉGATIF** NEGATIVE ELEVATION
PENSE BÊTE : MEMO	**ARRIVÉE** ARRIVAL
À FAIRE TO DO	**SUJETS À APPROFONDIR** FOOD FOR THOUGHTS

L'ÉTAPE DU JOUR .... / .... / ....

STAGE OF THE DAY

RANDONNÉE · NAME OF THE HIKE : ....

HÉBERGEMENT · ACCOMMODATION ☆ ☆ ☆ ☆ ☆

☐ CAMPING
CAMPING

☐ BIVOUAC
BIVOUAC

☐ HÔTEL
HOTEL

☐ GÎTE D'ÉTAPE
FAMILY PENSION

☐ REFUGE DE MONTAGNE
MOUNTAIN REFUGE

ADRESSE : ....

....

RESTAURATION · FOOD

....

....

SPÉCIALITÉ : ....

DÉPART START	**DISTANCE** DISTANCE

SENSATIONS ET DÉCOUVERTES
SENSATIONS AND DISCOVERIES

....

TEMPÉRATURE

-10 0 10 20 30 40

DÉNIVELÉ POSITIF POSITIVE ELEVATION	**DÉNIVELÉ NÉGATIF** NEGATIVE ELEVATION
PENSE BÊTE : MEMO	**ARRIVÉE** ARRIVAL
À FAIRE TO DO	**SUJETS À APPROFONDIR** FOOD FOR THOUGHTS

L'ÉTAPE DU JOUR .... / .... / ....

STAGE OF THE DAY

RANDONNÉE · NAME OF THE HIKE : ....

HÉBERGEMENT · ACCOMMODATION ☆ ☆ ☆ ☆ ☆

☐ CAMPING (CAMPING) ☐ BIVOUAC (BIVOUAC) ☐ HÔTEL (HOTEL) ☐ GÎTE D'ÉTAPE (FAMILY PENSION) ☐ REFUGE DE MONTAGNE (MOUNTAIN REFUGE)

ADRESSE : ....

....

RESTAURATION · FOOD

....

....

SPÉCIALITÉ: ....

DÉPART START	**DISTANCE** DISTANCE

SENSATIONS ET DÉCOUVERTES

SENSATIONS AND DISCOVERIES

TEMPÉRATURE

-10 0 10 20 30 40

DÉNIVELÉ POSITIF POSITIVE ELEVATION	**DÉNIVELÉ NÉGATIF** NEGATIVE ELEVATION
PENSE BÊTE : MEMO	**ARRIVÉE** ARRIVAL
À FAIRE TO DO	**SUJETS À APPROFONDIR** FOOD FOR THOUGHTS

L'ÉTAPE DU JOUR .... / .... / ....

STAGE OF THE DAY

RANDONNÉE · NAME OF THE HIKE : ....

HÉBERGEMENT · ACCOMMODATION ☆☆☆☆☆

☐ CAMPING — CAMPING
☐ BIVOUAC — BIVOUAC
☐ HÔTEL — HOTEL
☐ GÎTE D'ÉTAPE — FAMILY PENSION
☐ REFUGE DE MONTAGNE — MOUNTAIN REFUGE

ADRESSE : ....

....

RESTAURATION · FOOD

....

....

SPÉCIALITÉ : ....

DÉPART START	**DISTANCE** DISTANCE

SENSATIONS ET DÉCOUVERTES

SENSATIONS AND DISCOVERIES

....

....

....

....

....

....

....

....

....

....

....

....

....

....

....

DÉNIVELÉ POSITIF POSITIVE ELEVATION	**DÉNIVELÉ NÉGATIF** NEGATIVE ELEVATION
PENSE BÊTE : MEMO	**ARRIVÉE** ARRIVAL
À FAIRE TO DO	**SUJETS À APPROFONDIR** FOOD FOR THOUGHTS

L'ÉTAPE DU JOUR .... / .... / ....

STAGE OF THE DAY

RANDONNÉE · NAME OF THE HIKE : ....

HÉBERGEMENT · ACCOMMODATION ☆ ☆ ☆ ☆ ☆

☐ CAMPING — CAMPING
☐ BIVOUAC — BIVOUAC
☐ HÔTEL — HOTEL
☐ GÎTE D'ÉTAPE — FAMILY PENSION
☐ REFUGE DE MONTAGNE — MOUNTAIN REFUGE

ADRESSE : ....

....

RESTAURATION · FOOD

....

....

SPÉCIALITÉ : ....

DÉPART START	**DISTANCE** DISTANCE

SENSATIONS ET DÉCOUVERTES
SENSATIONS AND DISCOVERIES

....

....

....

....

....

....

....

....

....

....

....

....

....

....

....

....

TEMPÉRATURE

-10 0 10 20 30 40

DÉNIVELÉ POSITIF POSITIVE ELEVATION	**DÉNIVELÉ NÉGATIF** NEGATIVE ELEVATION
PENSE BÊTE : MEMO	**ARRIVÉE** ARRIVAL
À FAIRE TO DO	**SUJETS À APPROFONDIR** FOOD FOR THOUGHTS

L'ÉTAPE DU JOUR .... / .... / ....

STAGE OF THE DAY

RANDONNÉE · NAME OF THE HIKE : ....

HÉBERGEMENT · ACCOMMODATION ☆ ☆ ☆ ☆ ☆

☐ Camping — CAMPING
☐ Bivouac — BIVOUAC
☐ Hôtel — HOTEL
☐ Gîte d'étape — FAMILY PENSION
☐ Refuge de montagne — MOUNTAIN REFUGE

Adresse : ....

....

RESTAURATION · FOOD

....

....

Spécialité : ....

DÉPART START	**DISTANCE** DISTANCE

SENSATIONS ET DÉCOUVERTES
SENSATIONS AND DISCOVERIES

....

....

....

....

....

....

....

....

....

....

....

....

....

....

....

....

DÉNIVELÉ POSITIF POSITIVE ELEVATION	**DÉNIVELÉ NÉGATIF** NEGATIVE ELEVATION
PENSE BÊTE : MEMO	**ARRIVÉE** ARRIVAL
À FAIRE TO DO	**SUJETS À APPROFONDIR** FOOD FOR THOUGHTS

L'ÉTAPE DU JOUR .... / .... / ....

STAGE OF THE DAY

RANDONNÉE · NAME OF THE HIKE : ....

HÉBERGEMENT · ACCOMMODATION ☆ ☆ ☆ ☆ ☆

☐ CAMPING (CAMPING) ☐ BIVOUAC (BIVOUAC) ☐ HÔTEL (HOTEL) ☐ GÎTE D'ÉTAPE (FAMILY PENSION) ☐ REFUGE DE MONTAGNE (MOUNTAIN REFUGE)

ADRESSE : ....

....

RESTAURATION · FOOD

....

....

SPÉCIALITÉ : ....

DÉPART START	**DISTANCE** DISTANCE

SENSATIONS ET DÉCOUVERTES

SENSATIONS AND DISCOVERIES

....

....

....

....

....

....

....

....

....

....

....

....

....

....

....

....

DÉNIVELÉ POSITIF POSITIVE ELEVATION	**DÉNIVELÉ NÉGATIF** NEGATIVE ELEVATION
PENSE BÊTE : MEMO	**ARRIVÉE** ARRIVAL
À FAIRE TO DO	**SUJETS À APPROFONDIR** FOOD FOR THOUGHTS

L'ÉTAPE DU JOUR .... / .... / ....

STAGE OF THE DAY

RANDONNÉE · NAME OF THE HIKE : ....

HÉBERGEMENT · ACCOMMODATION ☆ ☆ ☆ ☆ ☆

☐ Camping
CAMPING

☐ Bivouac
BIVOUAC

☐ Hôtel
HOTEL

☐ Gîte d'étape
FAMILY PENSION

☐ Refuge de montagne
MOUNTAIN REFUGE

Adresse : ....

....

RESTAURATION · FOOD

....

....

Spécialité : ....

DÉPART
START

DISTANCE
DISTANCE

SENSATIONS ET DÉCOUVERTES
SENSATIONS AND DISCOVERIES

....

....

....

....

....

....

....

....

....

....

....

....

....

....

....

....

DÉNIVELÉ POSITIF POSITIVE ELEVATION	**DÉNIVELÉ NÉGATIF** NEGATIVE ELEVATION
PENSE BÊTE : MEMO	**ARRIVÉE** ARRIVAL
À FAIRE TO DO	**SUJETS À APPROFONDIR** FOOD FOR THOUGHTS

L'ÉTAPE DU JOUR .... / .... / ....

STAGE OF THE DAY

RANDONNÉE · NAME OF THE HIKE : ....

HÉBERGEMENT · ACCOMMODATION ☆ ☆ ☆ ☆ ☆

☐ CAMPING — CAMPING

☐ BIVOUAC — BIVOUAC

☐ HÔTEL — HOTEL

☐ GÎTE D'ÉTAPE — FAMILY PENSION

☐ REFUGE DE MONTAGNE — MOUNTAIN REFUGE

ADRESSE : ....

....

RESTAURATION · FOOD

....

....

SPÉCIALITÉ : ....

DÉPART START	**DISTANCE** DISTANCE

SENSATIONS ET DÉCOUVERTES

SENSATIONS AND DISCOVERIES

....

....

....

....

....

....

....

....

....

....

....

....

....

....

....

....

DÉNIVELÉ POSITIF POSITIVE ELEVATION	**DÉNIVELÉ NÉGATIF** NEGATIVE ELEVATION
PENSE BÊTE : MEMO	**ARRIVÉE** ARRIVAL
À FAIRE TO DO	**SUJETS À APPROFONDIR** FOOD FOR THOUGHTS

L'ÉTAPE DU JOUR .... / .... / ....

STAGE OF THE DAY

RANDONNÉE · NAME OF THE HIKE : ....

HÉBERGEMENT · ACCOMMODATION ☆ ☆ ☆ ☆ ☆

- ☐ CAMPING
  CAMPING
- ☐ BIVOUAC
  BIVOUAC
- ☐ HÔTEL
  HOTEL
- ☐ GÎTE D'ÉTAPE
  FAMILY PENSION
- ☐ REFUGE DE MONTAGNE
  MOUNTAIN REFUGE

ADRESSE : ....

....

RESTAURATION · FOOD

....

....

SPÉCIALITÉ : ....

DÉPART START	**DISTANCE** DISTANCE

SENSATIONS ET DÉCOUVERTES

SENSATIONS AND DISCOVERIES

....

....

....

....

....

....

....

....

....

....

....

....

....

....

....

....

TEMPÉRATURE

-10 0 10 20 30 40

DÉNIVELÉ POSITIF POSITIVE ELEVATION	**DÉNIVELÉ NÉGATIF** NEGATIVE ELEVATION
PENSE BÊTE : MEMO	**ARRIVÉE** ARRIVAL
À FAIRE TO DO	**SUJETS À APPROFONDIR** FOOD FOR THOUGHTS

DISTANCE

DISTANCE

Km

10 20 30 40 50

Jours

du .... au ....

DENIVELÉ

HEIGHT DIFFERENCE

Mètres

100 200 300 400 500 600 700 800 900 1000 1100 1200 1300 1400 1500 1700 1800 1900

Jours

du .... au ....

DISTANCE

DISTANCE

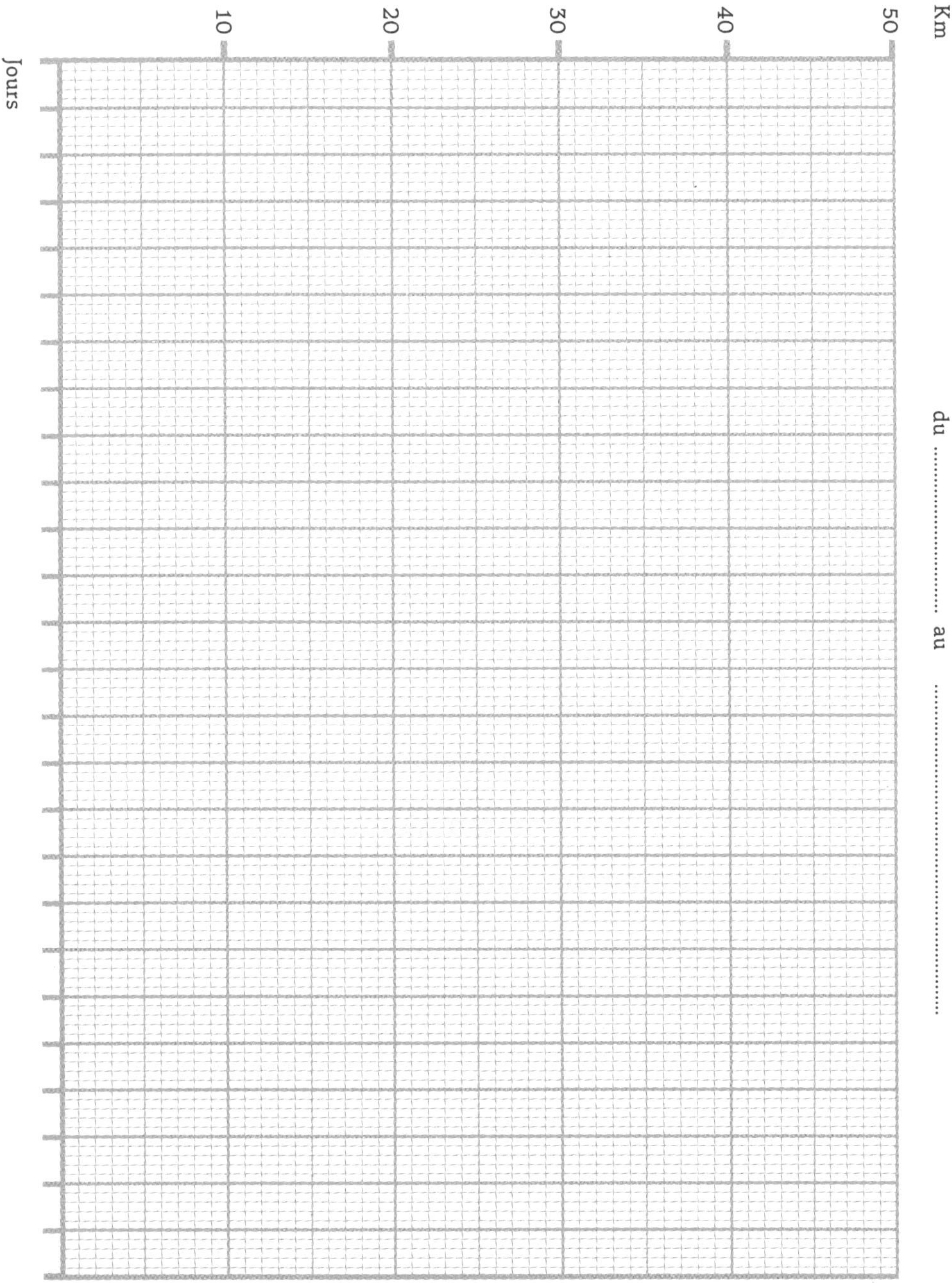

du .... au ....

DÉNIVELÉ

HEIGHT DIFFERENCE

Mètres: 100 200 300 400 500 600 700 800 900 1000 1100 1200 1300 1400 1500 1700 1800 1900

Jours

du .... au ....

LA FAUNE
WILD LIFE

ATTENTION !
LA CHASSE ET LA PÊCHE SONT GÉNÉRALEMENT INTERDITES DANS LES PARCS NATURELS ET PARCS NATIONAUX. NE NOURRISSEZ PAS LES ANIMAUX!

LA MARMOTTE
THE GROUNDHOG

LE CHAMOIS
THE CHAMOIS

LE BOUQUETIN
THE IBEX

LE HÉRISSON
THE HEDGEHOG

LA LOUTRE
THE OTTER

LE LOUP
THE WOLF

LE LYNX
THE LYNX

LE SANGLIER
THE BOAR

L'ÉCUREUIL
THE SQUIRREL

L'OURS
THE BEAR

LE RENARD
THE FOX

LE CERF
THE DEER

L'ÉLAN
THE MOOSE

LE BLAIREAU
THE BADGER

LE MOUFLON
THE MOUFLON

ATTENTION !
LA CHASSE ET LA PÊCHE SONT GÉNÉRALEMENT INTERDITES DANS LES PARCS NATURELS ET PARCS NATIONAUX. NE NOURRISSEZ PAS LES ANIMAUX!

LA FAUNE

WILD LIFE

L'AIGLE
THE EAGLE

LE CHOUCAS
THE JACKDAW

LE GRAND TÉTRAS
THE CAPERCAILLIE

LA CHOUETTE EFFRAIE
THE BARN OWL

LA BUSE VARIABLE
THE BUZZARD

LE PIC ÉPEICHE
THE GREAT SPOTTED WOODPECKER

LA SOURIS
THE MOUSE

LE LIÈVRE
THE HASE

LA BELETTE
THE WEASEL

LA LIBELLULE
THE DRAGON FLY

L'ABEILLE
THE BEE

LA GUÊPE
THE WASP

LE VULCAIN
THE VULCAN

L'APOLLON
THE APPOLO

LE MACHAON
THE MACHAO

LES FRUITS
FRUITS

ATTENTION !
LA CUEILLETTE DES PLANTES, FLEURS ET CHAMPIGNONS EST INTERDITE DANS LES PARCS NATURELS ET LES PARCS NATIONAUX.

MYRTILLES
BLUEBERRY

MÛRES
MULBERRY

FRAISES DES BOIS
WILD STRAWBERRY

GROSEILLES
RED CURRANT

ARBOUSES
SEABERRY

FRAMBOISES
RASPBERRY

CHAMPIGNONS COMESTIBLES
EDIBLE MUSHROOMS

DANS LE DOUTE, NE CŒUILLEZ PAS !

TRUFFE
TUBER AESTIVUM

LACTAIRE DÉLICIEUX
LACTARIUS DELICIOSUS

TROMPETTES DE LA MORT
CRATERELLUS CORNUCOPIOIDES

ARMILLAIRE COULEUR DE MIEL
ARMILLARIA MELLEA

CÈPE DE BORDEAUX
BOLETUS EDULIS

MATSUKE
TRICHOLOMA MATSUTAKE

MORILLE
MORCHELLA ESCULENTA

RUSSULE CHARBONNIÈRE
RUSSULA CYANOXANTHA

GIROLLE, CHANTERELLE
CANTHARELLUS CIBARIUS

LA FLORE

FLORA

ATTENTION !

LA CUEILLETTE DES PLANTES, FLEURS ET CHAMPIGNONS EST INTERDITE DANS LES PARCS NATURELS ET LES PARCS NATIONAUX.

VIOLETTE
VIOLET

TRÈFLE DES PRÉS
RED GLOVER

PISSENLIT
DANDELION

SUREAU NOIR
ELDER FLOWER

COQUELICOT
POPPY

ROBINIER FAUX-ACACIA
BLACK LOCUST

EDELWEISS
EDELWEISS

CHARDON BLEU DES ALPES
ALPINE SEA HOLLY

ÉPERVIÈRE
HAWKWEED

ANÉMONE PULSATILLE
PRAIRIE SMOKE

GENTIANE POURPRE
PURPLE GENTIANE

NARCISSE JAUNE
YELLOW DAFFODIL

DIGITALE POURPRE
FOX GLOVE

ARNICA
ARNICA

CENTAURÉE DES MONTAGNES
MOUNTAIN KNAPWEED

HERBIER

HERBARIO

LE BOULEAU
THE BIRCH

LE SAPIN
THE PINE TREE

L'ÉPICÉA
THE EPICEA

LE PIN PARASOL
THE UMBRELLA PINE

LE CHÂTAIGNIER
THE CHESTNUT

LE TILLEUL
THE LINDEN

LE PIN MARITIME
THE MARITIME PINE

L'ÉRABLE
THE MAPLE

HERBIER

HERBARIO

NOM SCIENTIFIQUE : ……………………………………

NOM FRANÇAIS : ……………………………………

LIEU & DATE DE RÉCOLTE : ……………………………………

HERBIER

HERBARIO

NOM SCIENTIFIQUE : ....

NOM FRANÇAIS : ....

LIEU & DATE DE RÉCOLTE : ....

HERBIER
HERBARIO

NOM SCIENTIFIQUE : ....

NOM FRANÇAIS : ....

LIEU & DATE DE RÉCOLTE : ....

HERBIER

HERBARIO

NOM SCIENTIFIQUE : ....

NOM FRANÇAIS : ....

LIEU & DATE DE RÉCOLTE : ....

HERBIER

HERBARIO

NOM SCIENTIFIQUE : ....

NOM FRANÇAIS : ....

LIEU & DATE DE RÉCOLTE : ....

HERBIER

HERBARIO

NOM SCIENTIFIQUE : ....

NOM FRANÇAIS : ....

LIEU & DATE DE RÉCOLTE : ....

Maison d'éditions basée à Montpellier, nous concevons des carnets et créations originales pour tous les voyageurs. L'équipe Aventura Éditions est responsable de la conception et de la fabrication en France.

Façonnage spécifique réalisé par l'entreprise "L'atelier Papier Soleil" experte et adaptée pour la promotion des personnes en situation de handicap.

RETROUVEZ DANS NOTRE COLLECTION :
CARNET D'AVENTURES · CARNET DE VOYAGES À VÉLO · CARNET DE NAVIGATION · JOURNAL D'AVENTURES (ENFANT) CARNET DE GOLF · CARNET DE SURF · CARNET VANLIFE CARNET VIVRE À L'ÉTRANGER · CARNET DE VOYAGE TOUR DU MONDE · CARNET DE VOYAGE INTIME · CARNET ÉQUESTRE · CARNET PÊCHE · CARNET D'EXPLORATION · CARNET OUTDOOR ADVENTURES

VOUS TROUVEREZ SUR NOTRE SITE
NOS PLUS BELLES CRÉATIONS FABRIQUÉES EN FRANCE.
WWW.AVENTURA-EDITIONS.COM

SUIVEZ NOS AVENTURES ET PARTAGEZ LES VÔTRES EN MENTIONNANT @AVENTURAEDITIONS

AUTEUR : ALLAN LABIELLE
CONCEPTION & ILLUSTRATION : MARIE DE ROO @WHOLEPICTUREPRODUCTION
WWW.WHOLEPICTURE.BE

AVENTURA ÉDITIONS

© 2023 ISBN : 978-2-9567594-1-6

ALLAN LABIELLE · 17 RUE DU CANTONNAT · 34160 CASTRIES
ACHEVÉ D'IMPRIMER EN AOÛT 2023 SUR LES PRESSES DE L'IMPRIMERIE TYPO'LIBRIS.
DÉPÔT LÉGAL : MARS 2020

La Clairière des LIVRES

Pour chaque titre d'un livre imprimé, un arbre est planté dans une forêt de 7 hectares en Centre Bretagne.
« Contribuons activement à l'avenir de notre planète, regardons pousser les livres de demain ».